This Book Belongs To

_____

TITLE: _____

TITLE: _____

TITLE:

TITLE: _____

TITLE: _____

TITLE:

TITLE: _____

TITLE:

TITLE: _____

TITLE:

TITLE: _____

TITLE: _____

TITLE: _____

TITLE:

TITLE: _____

TITLE: _____

TITLE:

TITLE:

TITLE: _____

TITLE: _____

TITLE:

TITLE: _____

TITLE: _____

TITLE: _____

TITLE: _____

TITLE: _____

TITLE: _____

TITLE: _____

TITLE:

TITLE:

TITLE:

TITLE:

TITLE: _____

TITLE: _____

TITLE:

TITLE: _____

TITLE: _____

TITLE: _____

Made in United States
Troutdale, OR
10/04/2024

23431978R00066